AF333580

Running Away from Russia

by

Luisa Rossina Villani

•

Fuggendo via dalla Russia

translated into Italian by

Luigi Fontanella

BORDIGHERA

Library of Congress Cataloging-in-Publication Data

Villani, Luisa Rossina.
    [Running away from Russia. Italian & English]
    Running away from Russia = Fuggendo via dalla Russia / by Luisa
Rossina Villani ; translated into Italian by Luigi Fontanella.
        p. cm.-- (Bordighera poetry prize ; 3)
    English and Italian parallel text.
    ISBN 1-884419-50-X (alk. paper) -- ISBN 1-884419-51-8
    1. Italian Americans--Poetry. 2. Italy--Poetry. I. Title: Fuggendo via
dalla Russia. II. Fontanella, Luigi. III. Title. IV. Series.

PS3572.I345 R86 2001
811'.6--dc21

                                                                2001052831

THE BORDIGHERA POETRY PIZE is made possible by a generous grant
from THE SONIA-RAIZISS GIOP CHARITABLE FOUNDATION.

Printed in the United States.

Published by
BORDIGHERA PRESS
Department of Languages & Linguistics
Florida Atlantic University
777 Glades Road
Boca Raton, Florida 33431

BORDIGHERA POETRY PRIZE 3
ISBN 1-884419-50-X (softcover)
ISBN 1-884419-51-8 (hardcover)

ALSO BY LUISA ROSSINA VILLANI

On the Eve of Everything (1998)

ACKNOWLEDGMENTS

Ellipsis Literature and Art: "Across the Park, a Library." *Janus Head*: "Against the Coldest Heart." *Loyalhanna Review*: "Running Away from Russia." *The Madison Review*: "How Do People in Russia Commit Suicide?" *The New England Review*: "Origins of the Poem." *Nimrod International Journal of Prose & Poetry*: "At the Marshy End of the Dnepr," "Lhaysek's Last Letter." *Poet Lore*: "In Shevchenko Park." *Poetry 5 AM*: "From a Series of Letters Never Sent." *Rhino: The Poetry Forum*: "I Dnepropetrovsk," "Sasha Turning 'Round and 'Round." *The Squaw Review*: "Teaching English by the Dnepr." *Visions International*: "When the Lines Are Drawn Deeper than Skin." *The Yalobusha Review*: "The Colors, the Fragments, the Camels," "Lhaysek's First Poem," "The Station at Donetsk, Sometimes Called 'Don't Ask.'"

Other poems from this book were published in the chapbook *On the Eve of Everything,* by WECS Press, as part of their annual chapbook competition.

"Running Away from Russia" was chosen for the 1998 Masters Poetry Award by Will Greenway.

"At the Marshy End of the Dnepr" and "Lhaysek's Last Letter" were chosen as finalists for the 1998 Pablo Neruda Prize by *Nimrod*.

"Originas of the Poem" was chosen for an Associated Writing Programs Into Journals Award, 1998.

"I Once Said a Poem" (under the title: "Other Thoughts"), "Passing a Shack, Dnepropetrovsk," "Sasha Turning 'Round and 'Round," were chosen for the 2000 Suzanne Brabant Memorial Award from *Rhino: The Poetry Forum*.

*****

"I Once Said a Poem": lines 29–30 are from Volume II of *Gulag Archipelago,* by Alexander Solzhenitsyn.

"Taking the Pulse of the People": lines 26–27 are from *The Bible,* Song of Songs 2:5.

TABLE OF CONTENTS

Running Away from Russia

by

Luisa Rossina Villani

translated into Italian by

Luigi Fontanella

WINNER OF THE BORDIGHERA POETRY PRIZE 2001

sponsored by

THE SONIA RAIZISS-GIOP CHARITABLE FOUNDATION

Origins of the Poem

A man claps his hands, his feet
        a crooked dance. Irregular in rhythm,
a regular by trade, he opens his cracked palm
        toward the tourists, while clutching
his worn hat
        to his chest. I'm sorry.
I interrupted your story.
        You were telling me of Beirut,
the bad times before your family left.
        Your father couldn't man his store,
instead he took you to the movies.
        You were four. You saw Bruce Lee
in Armenian: *Enter the Dragon.*
        When a nude scene came
your papa reached through the darkness,
        put his hands across your eyes.
Don't look away. My retelling
        is not to offend you.
Sometimes I think it's a race
        between what I know
and what the poem can tell me. I'm a voyeur
        when it comes to story — getting used
to this life of nowhere — and I'm moved
        by the way you finish your coffee
then put the cup upside down on the saucer.
        I let hands haunt me & this science
more mine than memory. I need
        the name of this place, the names
of these men gathered around me,
        so I can tell you *this* and not *that,*
so I can say with great clarity, "Well..."
        before I crumple these words
against my shirt
        and let my feet continue.

Origini della poesia

Un uomo batte le mani, i suoi piedi
        una danza tortuosa. Irregolare nel ritmo,
regolare nel lavoro, apre il suo palmo rugoso
        verso i turisti, stringendo al petto
il suo vecchio cappello. Scusami.
Ho interrotto il tuo racconto.
        Mi stavi dicendo di Beirut,
di quei tempi duri prima che la tua famiglia se ne andasse.
        Tuo padre non ce la faceva col suo negozio,
e così ti portava a cinema.
        Eravate in quattro. Vedesti Bruce Lee
in armeno: *Enter the Dragon*.
        Quando appariva una scena di nudo
tuo padre ti si avvicinava nel buio
        e ti metteva la mano sugli occhi.
Non distogliere lo sguardo. Non è per offenderti
        che ti racconto nuovamente queste cose.
A volte penso che sia una corsa
        fra quello che so
e quello che la poesia può raccontarmi. Quando arriva
        il momento di raccontare io sono come un *voyeur*
—mentre mi abituo a questa vita di adesso—e mi commuove
        il modo in cui finisci di bere il tuo caffè
e poi capovolgi la tazza sul piattino.
        Lascio che mani mi infestino & questa scienza
che mi appartiene più del ricordo. Ho bisogno
        del nome di questo posto, i nomi
di questi uomini raccolti attorno a me,
        così che io ti possa raccontare *questo* e non *quello,*
che possa dire con gran chiarezza, "Ebbene..."
        Prima che accartocci queste parole
contro la mia camicetta
        e lasci che la danza continui.

The Station at Donetsk, Sometimes Called "Don't Ask"

Stillness at the heart
      and yellow rays all around.
Not your typical existentialist poem
      but something trembling on the edge
of a table. Hear the undertow
      of a passing train. I detest messy afternoons,
but sometimes the fruit does speak
      before it falls. Then the world rises,
the whole hulking machinery of the day,
      a low grumble in the throat.
What to say? In the crowded dissolution of dialects,
      the passing inflection of seconds,
what could stop a woman
      from falling off a platform
like so much cut lumber? Not
      that I thought about it. Not exactly.
I tell you even when poems come upon me
      I'm usually doing something else.
And I have no concept of time,
      except to know that it passes. This
was not my appointed train, not my
      country, not my job.
Exposed to all that nothingness
      when she gave way in front of me,
I did what I've always done
      in the face of every nightmare
I've ever known. I reached for cover
      and pulled, as if one mighty tug
could muster all of safety's
      safety around me. Like a banana
putting back on its peel. Like a book
      closing its cover. No words
passed between us as she half-turned,
      my fist still gripping the waist-belt

La stazione di Donetsk, a volte chiamata "Non domandare"

Quiete nel cuore
    e gialli raggi ovunque,
non la tua tipica poesia esistenzialista
    piuttosto qualcosa che vibra sull'orlo
di una tavola. Ascolta il moto ovattato
    di un treno che passa lontano. Odio questi meriggi confusi
ma qualche volta un frutto parla da solo
    prima che cada. Poi il mondo si alza,
l'intero, massiccio macchinario del giorno,
    un cupo brontolio nella gola.
Che dire? Nell'affollata dissoluzione dei dialetti,
    l'effimero modularsi dei secondi,
cosa potrebbe fermare una donna
    dal suo cadere da un marciapiedi ferroviario
così simile a un legno tagliato? Non
    che non ci abbia pensato. Non proprio.
Io ti dico persino quando le poesie mi vengono addosso
    mentre sto facendo qualcos'altro.
E non ho alcuna nozione del tempo
    so soltanto che passa. Questo
non era il mio treno designato, né
    il mio paese, né il mio lavoro.
Esposta a tutto quel nulla
    quando lei si è ritratta di fronte a me
ho fatto quello che ho sempre fatto
    dinanzi a ogni incubo
mai conosciuto. Mi sono coperta
    e ho tirato, come se uno strattone
potesse concentrare in sé la salvezza di tutti,
    la salvezza attorno a me. Come una banana
che si rimetta la propria buccia.. Come un libro
    che si chiuda da sé. Non una parola fra noi
mentre lei si è mezza voltata verso di me,
io che stringevo nel pugno

of her coat. No words, as the light diffused
        through her yellow scarf
and train doors appeared behind her,
        open, waiting. *Nyecht,*
just her eyes half-closed
        as if any end to fatigue
was a fitting end, then she sank
        into a tide of passengers.
I backed away, set adrift,
        loosed from context,
and I'm still floating. My face
        in the bathroom mirror just now,
seemed detached, unfamiliar,
        like a photo not quite developed
wavering in a tray. I tell you
        these lips that don't work
are not mine; nor these caged teeth.
        These eyes belong to someone else,
someone swimming far above me.
        My clothes are weighted,
unwieldy, my arms, useless for hours
        which I recollect to have been three.
Every quarter turn of the sun's rays
        a train shakes the surface
of the street. Twleve now. An even
        dozen. Someone should grab
my shoulders and say, *Yes, yes, alive!* —
        but there's no one here,
only the watcher watching,
        as the groceries reverberate
on the table,
        and the yellow tomatoes
occasionally fall.

la cinta del suo cappotto. Non una parola,
mentre la luce si diffondeva
        sulla sua sciarpa gialla
e le porte del treno si aprivano dietro di lei,
        in attesa. *Nyecht,*
semplicemente, coi suoi occhi socchiusi,
        come se ogni fine alla fatica
fosse una fine giusta. Poi si tuffò
        nella marea dei passeggeri.
Io indietreggiai, spersa e smarrita,
        fuori ormai dal contesto,
ancora adesso come galleggiante alla deriva. La mia faccia
        poco fa sullo specchio del bagno
sembrava staccata, estranea,
        come una foto ancora non del tutto sviluppata
ondeggiante nella vaschetta. Ti dico
        che queste labbra inerti
non sono mie, né questi denti ingabbiati.
        Questi occhi appartengono a qualcun'altra,
un'altra che nuota ben sopra di me.
        I miei vestiti sono appesantiti,
ingombranti, le mie braccia, inutili per ore
        ricordo che sono state tre.
A ogni quarto d'ora dei raggi del sole
        un treno scuote la superficie
della strada. Le dodici adesso. Le dodici
        precise. Qualcuno dovrebbe afferrare
le mie spalle e dire, *Sì, sì, sei viva!* —
        ma qui non c'è anima viva,
solo l'osservatore che osserva,
        mentre la roba manda riverberi
sulla tavola,
        e i pomodori gialli
ogni tanto cadono a terra.

SASHA TURNING 'ROUND AND 'ROUND

Like a sweet potato spoked by toothpicks
and resting in sunlit water,
sometimes the machinery of the chest
is staved by a dream. Then,
the fine hairs of hope take root.
One comes to these things slowly.
A summer day. A small hand reaching.
A line of ants climbs the wall.
See them march north/northeast.
A delicious afterthought drives them.
If ants do think. If sweetness truly sings,
then there should also be something
to tune to:
We are coming; we are going.
We are lying on the ground.
We are coming; we are going.
We are spinning 'round and 'round.
Only a child could know the meaning.
Only a child could cherish such rhyme.
Only a child could balance the jar
on fingertips and forward toes.
The pernicious moment of salvation.
The precarious apex of a dream. The reused
pickle jar leans against her chest,
as the toothpicks stab her dress.
Don't hold it too close.
Don't waltz too fast. She spins
slowly toward the table.
Across the warped wood,
the potato's shilhouette mounts the slant light.
See that shadow cleft by the sun?
See the arteries floating, undone?
Only a child could cherish such rhyme.

SASHA GIRANDO IN CONTINUAZIONE

Come una patata dolce infilzata da stuzzicadenti
poggiata in acqua soleggiata,
talvolta la macchina del petto
è come pentagrammata da un sogno. Allora,
si radicano i fili sottili della speranza.
A questo si arriva lentamente.
Un giorno d'estate. Una manina che si allunghi verso di te.
Una fila di formiche s'inerpica sul muro.
Le vedi procedere verso nord/nord-est.
Uno squisito ripensamento le guida.
Se le formiche pensassero davvero. Se la dolcezza veramente cantasse,
allora ci dovrebbe essere qualcosa
da intonare:
Stiamo venendo; stiamo andando.
Stiamo sdraiati sul terreno.
Stiamo venendo, stiamo andando.
Giriamo giriamo senza alcun freno.
Soltanto un bambino potrebbe saperne il senso.
Soltanto un bambino ne amerebbe la rima.
Soltanto un bambino ne bilancerebbe il vaso
dalle punte delle sue dita fino a quelle dei piedi.
Il fatale momento della salvezza.
L'apice precario d'un sogno. Il vasetto
riusato preme al suo petto
come gli stuzzicadenti che infilzano il suo vestito.
Non tenerlo troppo vicino.
Non danzare troppo veloce. Lei gira
lentamente verso la tavola.
Attraverso il legno incurvato,
la silhouette della patata sale sulla luce obliqua.
La vedi quell'ombra spaccata del sole?
Vedi le arterie che galleggiano da sole?
Soltanto un bambino potrebbe amare questa rima.

Teaching English by the Dnepr

The red-apple lacquer of the desktops
        contrasts nicely with the woodwork's
tawny grain. Except that the woodwork
        is moving. As if the polished floor
suddenly flowed toward the corner. As if
        every parquet grain leading up to that angle
could be a golden blade upon a bank. Yes,
        something has definitely slithered itself
into a rictus in the wall. "But they're okay,"
        Dima will tell me later
over an amber glass of tea, "they eat mice."
        I don't think they're okay, and I have no words
to say this, nothing in my primer
        that could have primed me for this event.
So I point to the corner and scream, "Snake!"
        And the adults lift their thick limbs: *zmeck!*
They have bloomed into a bush of arms.

Insegnando inglese nei pressi del Dneper

La lacca rossa del piano della mia scrivania
          contrasta graziosamente con le fulve
venature della boiserie. Tranne che la boiserie
          si muove. Come se il pavimento lucidato
improvvisamente scorresse vero l'angolo. Come se
          ogni listello di legno che porta a quell'angolo
fosse una lama dorata sopra un pendio. Sì,
          qualcosa è decisamente scivolato da sé
nell'angolo del muro. "Ma sono bravi, sai,"
          Dima mi dirà più tardi
bevendo il suo tè da una tazza color ambra, "mangiano topi."
          Non sono della sua opinione, e non so
dirglielo, niente nel mio sillabario elementare
          che mi avesse potuto istruire per quest'evento.
Così indico l'angolo e grido, *"Snake!"*
          E gli adulti alzano le loro braccia: *zneck!*
Sbocciati come in cespuglio di braccia.

Against the Coldest Heart

Victor says I need a *dacha,*
        a little piece of land. Off the balcony
a sparse tree echoes the truth of a new season.
        Gray doves leave the branches
and land on the street, on an iron slab
        that plinks with their steps. I've been beneath
that ferrous sky with Victor's son, Lhaysek,
        a veteran of Afghanistan,
the Soviet equivalent of Vietnam.
        In that hollow earth
of walls lined with glass — pickles, tomatoes,
        cherries and beets — I thought only of Roethke,
the damp cellars of his youth. Lhaysek
        handed me a yellow/red jar: "Don't tell
my mother I gave you these. They taste good
        but the colors are bad for me."
On his left hand, two missing fingers.

        Memory is a fearsome thing,
a firestorm against the coldest heart.
        In the interlude
where narrative paused,
        the writer gripped her collar,
turned it up against the chill.
        "I have to go," I thought
but did not think to say it. "Say it,"
        he murmured. "You want to run away."
Babushkas shuffled the street above.
        Bells rang on bicycles.
A man halted to light a cigarette,
        his match falling
like a yellow seed
        to the dank, dirt below,
where I found myself
        sweating and touched,
as I haven't been touched before.

Contro il gelido cuore

Victor dice che mi occorre una dacia,
        un piccolo pezzo di terra. Oltre il balcone
qualche albero rado annuncia una nuova stagione.
        Grigie colombe lasciano i rami
e si posano sulla strada, su una lastra di ferro
        che tintinna per i loro passetti. Sono stata sotto
quel cielo ferroso con il figlio di Victor, Lhaysek,
        un veterano dell'Afghanistan,
l'equivalente sovietico del Vietnam.
        In quel cavo di terra
fatto di mura piene di vasetti di sottaceto, di pomodori,
        ciliegie e barbabietole—m'è venuto in mente Roethke,
le umide cantine della sua giovinezza. Lhaysek
        mi ha passato un vasetto rossastro: "Non dire
a mia madre che te l'ho dato. Hanno un buon sapore
        solo che i colori non fanno per me."
Alla sua mano sinistra mancano due dita.

        La memoria è qualcosa di spaventoso,
una tempesta di fuoco contro il gelido cuore.
        Nell'intervallo
laddove il racconto s'è arrestato,
        lo scrittore ne ha afferrato il bavero,
tirandolo su per difendersi dal freddo.
        "Devo andarmene," ho pensato
senza aver pensato di dirlo. "Dillo,"
        lui ha mormorato. "Tu vuoi scappar via."
Sopra i *babushka* ripulivano la strada.
        Risuonava qualche campanello di biciclette.
Un uomo s'è fermato per accendersi una sigaretta,
        il suo fiammifero è caduto
come un seme giallo
        sull'umida sporcizia sottostante,
lì dove ho trovato me stessa
        sudaticcia e colpita
come non lo sono mai stata prima.

TO DANCE AFFLICTED

The first few times we collided
        like trains on a common track,
headed for opposing cities. Debris
        of clothing flew all around.
Memories convulsed her body
        into sobs. The wet feathers
of her eyelashes closed, then the night's
        forgetting. In the morning,
that question on her face, as the room
        came into focus, "Where?"
Dust stars spun in the air, and I reminded
        her of the universe she was
in, "Dnepropetrovsk, Oblast." I brushed
        back her hair — with my good hand —
touching her body's white shore.
        I'm no poet, but even I know
a man can wound a woman
        with his crashing waves. The slap
of hip to thigh breaks something inside.
        Not that I've always been
so careful, which is why I smoothed the hair
        from her eyes with my good hand —
"You are by the river, in my room" —
        and I keep my wounds to myself.

Danzare con dolore

Le prime, poche volte che entrammo in collisione
            come due treni su un unico binario,
diretti verso città opposte. Macerie
            di vestiario volarono ovunque.
Ricordi sconvolsero il suo corpo
            in singhiozzi. Le umide piume
delle sue ciglia chiuse, poi l'oblio
            della notte. Il mattino dopo
quella domanda sulla sua faccia, mentre
            la stanza veniva rimessa a fuoco, "Dove?"
Polvere di stelle roteava nell'aria, e io le ricordai
            l'universo nel quale si trovava,
"Dnepropetrovsk, Oblast." Le spazzolai
            i suoi capelli di dietro — con la mia mano paziente —
toccando la sponda bianca del suo corpo.
            Non sono un poeta, ma perfino io
conosco un uomo che può ferire una donna
            con le sue ondate fracassanti. La pacca
dell'anca alla coscia sembra rompere qualcosa dentro.
            Non che io sia stata sempre
così attenta, che spieghi il perché io lisci i suoi capelli
            dai suoi occhi con la mia mano paziente —
"sei vicino al fiume, nella mia stanza" —
            e tengo le mie ferite per me stessa.

From a Series of Letters Never Sent

Blavatsky and Brezhnev
        took their first breaths
in the same city. For this, Dnepropetrovsk
        is called "the birthplace
of stagnation." I come to the page
        more informed on this autumn
afternoon, as the bare, topal trees
        scratch the blue sky.
It seems every poem begins
        with a germ of sadness,
like Inna's bread rising
        on her red windowsill. Still,
movement.... Plumbing
        has become an adventure —
the hole in the boards
        on the fourth floor
is emptied twice per month —
        and so has Jell-O. Yes,
it's red and green,
        but it tastes like kidneys.
A cab driver yelled at me today,
        "Move or die!" I nodded.
I smiled, then nodded again.
        I nodded several times.
I think about how many times
        I nodded, as I stare
at the Dnepr River, at the sun's reflection
        flecked into diamonds.
Yes, even in this city there are riches,
        secrets. In the church
with no pews, an old woman looked at me
        as if I should know this —

Da una serie di lettere mai spedite

Blavatsky e Brezhnev
        tirarono i loro primi respiri
nella stessa città. Per questo, Dnepropetrovsk
        è chiamata "il luogo natale
della stagnazione." Me ne rendo conto
        sempre più in questo pomeriggio
autunnale, mentre le nude cime degli alberi *topal*
        grattano il cielo azzurro.
Sembra che ogni poesia debba nascere
        con un germe di amarezza,
come il pane di Inna che cresce
        sul davanzale della finestra. Ancora
movimento.... L'idraulica
        è diventata un'avventura —
il buco nelle assi di legno
        al quarto piano
viene vuotato due volte al mese
        come il vasetto di gelatina. Sì
è rossa e verde,
        ma ha il sapore del rognone.
Un tassista oggi mi ha urlato,
        "Muoviti o muori!" Ho annuito.
Ho sorriso, poi annuito di nuovo.
        Ho annuito parecchie volte.
Penso a quante volte l'ho fatto
        ora che sto fissando
il Dneper, ai riflessi del sole
        punteggiati di diamanti.
Sì, perfino in una città come questa
        ci sono segreti preziosi. Nella chiesa
priva di banchi, una vecchia mi ha guardato
        come se io dovessi sapere tutto questo —

that and not to stand so close to her.
      I wanted to see the bride,
mitered in her starched gown,
      and the patriarch swinging incense
over bowed heads. Smoke settled
      around necks, and I had
to look down. Shoes,
      all the same, but different.
A progression.
      Someone sneezed across the crowd
and a galaxy of incense
      swirled in a slant of light.
And where no one moved,
      nothing was saved.

e non sostare così vicino a lei.
      Volevo vedere la sposa,
insolennita nel suo abito inamidato,
      mentre il patriarca roteava il turibolo
sopra le teste chine. Un alone di fumo
      circondava i colli, e così
ho abbassato lo sguardo. Scarpe
      tutte uguali, ma diverse.
Un lungo corteo di scarpe.

Qualcuno ha starnutito in mezzo alla folla
e una galassia d'incenso
      ha turbinato in una striscia di luce.
Lì dove nessuno si muoveva
      e nulla era salvato.

The Romanovs Come Home

Jowls like a turkey and eyebrows that could take flight,
that's what I remember of Leonid Brezhnev. Time
transfored the swarthy boogieman of my childhood
into Boris Yeltsin's ashen visage. A high salute
as the soldiers pass his grandstand, and his hand
rises in return. The cortege shoulders nine, small coffins.

I have never before seen a canopy on a coffin,
as if it were the bubble cockpit of a U-2 in flight.
I have never before seen a human hand
reduced to bone. I have been lucky in my time
to greet the changing seasons with the salute
of picking grapes, and a childhood

filled with wine. "Tell me of your childhood,"
says Lhaysek. Three women approach the coffins.
The patriarch crosses himself, the orthodox salute.
From Yekaterinburg, it must have been a long flight
for Nicholas and his family. Travel time
is tough on children, and no sleight of hand

could shorten this journey. Lhaysek takes my hand.
"Tell me of your childhood.
How did you spend your time?"
I dug rows and rows of trenches, coffin-
width for my father. Water rushed. Crows took flight
and leaves twisted on vines, saluting

summer winds. Under dusky clouds, we saluted
with glass goblets held high in dirty hands.
I want to say all this. I want to fly
the distance between you and my childhood,
but not yet. "Why do you close your past like a coffin?"
The swinging incese keeps good time

*

I Romanov vengono a casa

Mascelle come quelle di un tacchino e sopracciglia che potevano involarsi,
ecco cosa ricordo di Leonida Brezhnev. Il tempo
ha trasformato lo scatenato, bruno ballerino della mia infanzia
nel viso cinereo di Boris Yeltsin. Il presentatat'arm
mentre i soldati passano davanti alla sua tribuna, e la sua mano
si alza per restituire il loro saluto. Il corteo porta sulle spalle nove piccole bare.

Non ho mai visto prima d'ora un baldacchino sopra una bara,
come fosse la bombata cabina di pilotaggio di un U-2 in volo.
Non ho mai visto prima una mano d'uomo
ridotta a ossa. Sono stata fortunata nel mio tempo
a salutare i cambiamenti di stagione con il saluto
dei grappoli d'uva colti a mano, e un'infanzia

nutrita a vino. "Parlami della tua infanzia,"
dice Lhaysek. Tre donne si avvicinano alle bare.
Il patriarca si fa il segno della croce secondo il saluto ortodosso.
Deve essere stato un lungo volo da Yekaterinburg,
per Nicholas e la sua famiglia. Il tempo trascorso in viaggio
è duro per i bambini, e nessuna magia

potrebbe abbreviarlo. Lhaysek mi prende la mano.
"Parlami della tua infanzia.
Come passavi le tue giornate?"
Scavavo file e file di fossi, bare
dalla taglia di mio padre. L'acqua scorreva. Corvi s'alzavano
in volo e foglie intrecciate alle viti davano il benvenuto

ai venti estivi. Ci salutavamo sotto fosche nubi
con calici di cristallo tenuti alti nelle mani sporche.
È questo che vorrei dire. Voglio trasvolare
la distanza fra te e la mia infanzia,
ma non ancora. "Perché chiudi il tuo passato come una bara?"
L'incenso che oscilla scandisce il ritmo del tempo

✳

with the ticking in my chest. Should I mention the time
my father said, "Russians are crazy," his remote saluting
the TV? The grainy screen flashed the mahogany, coffin-
like paneling of the Supreme Soviet, and Leonid Brezhnev's hand
pounding out a vote. In the Russia of my childhood,
you were my enemy who would let bombs fly,

from a monolithic flight deck. Please, give me some time.
Let me reduce the childhood impolitic, to something salutory
from an outstretched hand. No more talk of coffins.

con il ticchettìo nel mio petto. Dovrei forse menzionare
il tempo in cui mio padre diceva. "I russi sono pazzi," il suo lontano
saluto di benvenuto alla TV? Il video granuloso lampeggiava sul mogano,
pannello a forma di bara del Soviet Supremo, e la mano di Leonida Brezhnev
che picchiava sul banco per un assenso. Nella Russia della mia infanzia,
tu eri il mio nemico che lasciava volare le bombe,

da un monolitico ponte di volo. Per cortesia, dammi un po' di tempo.
Lasciami ridurre l'infanzia impolitica, a qualcosa di benefico
da una mano distesa. E basta a parlare di bare.

How Do People in Russia Commit Suicide?

After, Lhaysek said they rubbed goose fat between his toes,
over his nose, up his shins, around his fingers,
on his ears, his cheeks,
then they called to him
from the steaming shores of their breaths.
The ice on his eyelids melted,
and he saw through cold tears
his family would never let him go.

His uncle knew a different way.
At 6:45 a.m., Semyon downed a shot of vodka
while standing on the Minsk platform. In sub-zero
temperatures, he gasped, his throat an ice-flute,
then he stuck out his leg, ready to march,
May-Day-style. He'd timed his last, big step
to meet the Khatyn train, but at 85
his perfunctory eyes misjudged. The engine's black forehead
did not stamp him into the future's book.
Instead, it spun him as if he were a gate,
then dragged his body 200 feet.
My uncle, said Lhaysek, *waited all his life for love,
and it never came.*

COME SI SUICIDA LA GENTE IN RUSSIA?

Dopo, Lhaysek disse che gli avevano strofinato grasso d'oca fra le dita dei piedi,
sul naso, sugli stinchi, attorno alle dita delle mani,
sulle orecchie, le guance,
poi lo avevano chiamato
dalle spiagge vaporose dei loro fiati.
Il ghiaccio si sciolse sulle sue ciglia,
e vide attraverso le gelide lacrime
che la sua famiglia non avrebbe mai voluto farlo partire.

Suo zio escogitò una soluzione diversa.
Alle 6 e 45 del mattino, Semyon tracannò un sorso di vodka
mentre stazionava sul marciapiedi Minsk. In una temperatura
polare, quasi boccheggiava, la sua gola un flauto di ghiaccio,
poi tirò fuori la sua gamba, pronto a marciare,
stile Primo Maggio. Avrebbe regolato fin l'ultimo passo
per onorare il treno per Kathyn, ma a 85 anni
il suo occhio indebolito aveva fatto male i calcoli.
Il fronte nero della locomotiva
non lo aveva previsto nel libro del futuro.
In vece lo fece ruotare come fosse un cancello,
e poi trascinò il suo corpo per 60 metri.
Mio zio, disse Lhaysek, *aspettò l'amore tutta la sua vita
e non arrivò mai.*

In Schevchenko Park

The trumpets and balalaikas above the grass
play songs your parents knew.
Evenings, when the windows
frosted into crystal portals,
they looked out and saw you across the city,
a small star on the horizon. Your mother
put her hand on his shoulder, and they kissed
like lovers, though this was nothing new.
When she slept in his armpit,
her breath chilled his beard. He scratched his chin,
then stretched his arm into a dream, touching hay.
A fitful night. The ox heaved as he held its horns
and his father pulled the sweating ropes.
A new calf. An old barn.
Soon the family of nine would eat
both the cow and her scrawny suckling,
then take to gnawing the timbers.
Soldiers passed over in a wave
pulling four sons after them. The fifth stayed....

This street could be anything
or the edge of nothing. You don't know why
your grandfather was hostile toward doors,
but you're careful not to slam them.

Nel Parco Schvchenko

Le trombe e le balalaike sul prato
suonano canti che i tuoi genitori sapevano a memoria.
Sere in cui le finestre
s'incorniciavano di ghiaccio come portali di cristallo,
loro guardavano fuori e ti vedevano attraverso la città,
una piccola stella sull'orizzonte. Tua madre
mise la mano sulla sua spalla, e si baciarono
come amanti, benché questo non fosse una novità.
Quando lei dormì accovacciata nella sua ascella,
il suo fiato ghiacciò la sua barba. Lui si grattò il mento,
poi stese il braccio dentro un sogno toccando il fieno.
Una notte agitata. Il bue si tenne su a fatica sostenendo le sue corna
corna
e suo padre tirò le corde trasudanti.
Un nuovo vitellino. Una vecchia stalla.
Presto la famiglia, di nove persone, si sarebbe mangiata
la vacca e il suo magro vitello,
poi avrebbe preso a rosicchiare il legname da costruzione.
I soldati passavano sopra a ondate
tirandosi dietro quattro figli. Il quinto rimase...

Questa strada potrebbe essere qualunque cosa
o il bordo del nulla. Tu non sai perché
tuo nonno era ostile alle porte
e tu sta' attento a non sbatterle.

As we sit beside the bandstand,
I think of you rising in the night,
the red diamonds on your socks
balancing one above the other.
A stain mapped the ceiling,
and I tried to name the country
appearing before my eyes. Rain
dropped its shadow, as you cupped your hands
outside the window. Does the past
pull you back, bearing you on a wave
that crashes against a wall? It's only music now
that I hear, but somewhere inside the sound
I want to know what went before you in the dark,
glowing in your rounded palms,
tears to light your way,
or rain to grow a new city.

Mentre ce ne stiamo seduti vicino al palco d'orchestra,
penso a te che ti alzi nella notte,
e ai rossi diamanti che sulle tue calze
si aggiustano l'uno sopra l'altro.
Si stagliava una macchia sul soffitto,
e io provavo a dare un nome al Paese
che mi compariva davanti agli occhi. La pioggia
faceva cadere la sua ombra, mentre tu portavi
le mani a calice fuori della finestra. Forse
il passato ti spinge indietro, portandoti su un'onda che s'in-
frange contro un muro? È soltanto della musica
adesso che sento, ma da qualche parte dentro questo suono
io voglio sapere cosa ti apparve davanti, nell'oscurità,
risplendendo nelle tue palme arrotondate,
lacrime per illuminare il tuo cammino
o forse pioggia per far crescere una nuova città.

LHAYSEK'S FIRST POEM

The rose petals in your left pocket
      are from me. I didn't put them
in your right, because the left
      is where you keep your keys,
and sometime this afternoon,
      when you're searching
for something to take you
      far from where you are,
I want you to remember this morning,
      before the sun rushed toward us,
after we brushed it aside. I too love,
      I too, feel the queries
the realities of the days make
      into the land of dreams.

LA PRIMA POESIA DI LHAYSEK

I petali di rosa nella tua tasca sinistra
   provengono da me. Non li ho messi
nella tua tasca di destra, perché la sinistra
   è quella in cui tu tieni le chiavi,
e ogni tanto questo pomeriggio,
   quando andrai cercando
qualcosa che ti porti lontano
   da dove sarai in quel momento,
io voglio che tu ti ricordi di questo mattino,
   prima che il sole si affretti verso di noi,
dopo che noi l'abbiamo messo in disparte. Anch'io t'amo,
   anch'io sento le domande
che le realtà quotidiane trasformano
   nel mondo dei sogni.

I Once Said a Poem

Behind the baying of a snow wolf, a black question mark
      props up the sky.
The bare, topal trees leave their arms in the air:
      no reply.
Why must the body feel love? Am I really
      writing this down?
I once said a poem was like a room I could walk into,
      but I grow tired of the exhibits,
when there is so much real beyond the Ukrainian weather.
      White drifts outside the window,
as I shake snow from the toe of my boot. I've spent the day
      in dialogue
with the mound building around my door. I never knew
      snow so heavy,
nor so relentless. Other facts about snow: it can freeze
      the ink inside a pen,
like the one I left on the windowsill, which I roll
      between my hands.
My days progress easily on paper, as if they were rooms
      coming into focus.
Not so in true space, in the true way I live my life,
      stubbing my toe on memory.
This from Dima's kitchen: sour cream, feathers of dill,

UNA VOLTA HO RECITATO UNA POESIA

Oltre i latrati di un lupo polare, un nero segno
       interrogativo sbuca su nel cielo.
I nudi alberi *topal* abbandonano i loro rami nell'aria:
       nessuna risposta.
Perché il corpo deve sentire amore? Sto davvero
       scrivendo questo?
Una volta ho recitato una poesia, era come una stanza in cui potevo
       entrare, ma mi stancai degli oggetti esposti,
quando c'è un eccesso di realtà oltre il tempo ucraino.
       Cumuli bianchi fuori la finestra,
mentre smuovo la neve dalle punte degli stivali. Ho passato
       l'intera giornate a dialogare
con il cumulo che andava montando attorno alla porta di casa.
       Non ho mai visto tanta neve così pesante
e implacabile. Altri dati sulla neve: può ghiacciare
       l'inchiostro nella penna,
come quella che avevo lasciato sul davanzale, che ho girato
       e rigirato nelle mani.
Le mie giornate scorrono facilmente sul foglio, come fossero
       stanze che vengano gradualmente messe a fuoco.
Non così in uno spazio vero, nel vero modo in cui passo la mia vita,
       inciampando continuamente nei ricordi.
Questo è quanto proviene dalla cucina di Dima: panna acida,

and ruby red sauce, pronounced
saoooos, like a coyote howling at a full moon
          above a snow bank.
We sat on the wood trunk between stove and table,
          Lhaysek
with his thumb in the back belt-loop of my jeans.
          Marvelous thumb,
finger we lick before counting our rubles,
          or turning
the pages of a book. I was reading Solzhenitsyn:
          we had grown
so used to believing that our own life was life itself,
          while the kettle danced with steam.
We drank cups of brown tea with raisins, while Lhaysek
          tugged on my spine
to keep me awake, and my mind took on
          this familiar and ambling cadre:
what I read, what I dream, what I know.
          How intimate a gesture,
to pull on someone's pants, to flag them down in their reverie,
          where they are concocting
the white fur of hillsides, and the full moon
          stuck in the sky like a thumbprint.

   penne di aneto e salsa rossastra, che si pronuncia
saoooos, come l'ululato di un coyote a luna piena
    sopra un banco di neve.
Siamo seduti su di un tronco di legno tra la cucina e la tavola,
    mentre Lhaysek tiene
il suo pollice in un passante posteriore della mia cinghia dei jeans.
    Pollice meraviglioso,
dito che lecchiamo prima di contare i nostri rubli,
    o prima di girare
le pagine di un libro. Stavo leggendo Solzhenitsyn:
    eravamo cresciuti
abituati in modo tale da credere che la nostra vita fosse la vita stessa,
    mentre il bricco dell'acqua bollente danzava col vapore.
Abbiamo bevuto tazze di té marrone con acini di uva sultanina,
    Mentre Lhaysek ni strattonava dietro
per tenermi sveglia, e la mia mente s'imbarcava
    sempre in questo calmo quadro familiare:
cosa leggo, cosa sogno, cosa so.
    Quanto intimo un gesto,
indossare le mutande di qualcuno, sventolarle in una loro reverie,
    rimescolandole con i bianchi
rivestimenti dei pendii delle colline e la luna piena
    conficcata in cielo come l'impronta d'un pollice.

ACROSS THE PARK, A LIBRARY

I imagine the rustle of wings,
          or brown clouds
folding out of the landscape.
          If clouds had sound.
If angels were fashionable
          the way Dima wants them to be.
In the reading room the tables
          have an industrial flair —
old industry — and women sit in rows
          turning page after page. Outside,
orange leaves twist in the wind. Back home
          I'd call this Indian summer.
Here it's called *women's summer*
          "Because women are unpreditable,"
says Dima. She sees a red dress in her magazine
          and quickly unfolds from her pocket
tan tracing paper and a black pencil. Table
          after table, tracing papers unfold.

Once, in an orchard near Asilomar, Ca.,
          I woke to an irregular tapping,
moths stuck to the tent canvas.
          "Not moths," said my father, "Monarchs."
He cupped one in his hands, breathed
          across the pleated wings
and restored its orange flight.
          Soon my fingers turned pink,
as I stepped amongst the frosted leaves,
          breathing, then watching the flash of amber
escape my hands. It took hours to do them all,
          and still there were more

Oltre il parco, una biblioteca

Immagino il frusciare delle ali,
         o nuvole oscure
che avvolgono esternamente il paesaggio.
         Se le nuvole avessero un suono.
Se gli angeli fossero
         come Dima li vuole.
Nella sala di lettura i tavoli
         hanno un fascino industriale —
tipo vecchia industria — e le donne siedono in fila
         girando una pagina dopo l'altra. Fuori
foglie arancione si torcono al vento. Da noi
         questa verrebbe chiamata l'*Indian Summer*.
Qui la chiamano l'*estate delle donne*
         "perché le donne sono imprevedibili,"
dice Dima. Vede un vestito rosso nella sua rivista
         e subito tira fuori dalla tasca
una carata lucida giallastra e una matita nera.
         Un tavolo dopo l'altro, ognuna tira fuori qualche foglio di carta lucida.

Una volta, in un frutteto presso Asilomar, California,
         mi svegliò un tocchettio irregolare
erano falene attaccate alla tela della tenda.
         "Non sono tarme," disse mio padre, "farlalle monarche."
Ne prese una fra le sue palme, soffiò
         attraverso le ali pieghettate
e le restituì il suo volo arancione.
         Subito le mie dita divennero rosa
non appena mi mossi in mezzo alle foglie ghiacciate,
         respirai, poi osservai il bagliore improvviso dell'ambra
sfuggire dalle mie mani. Ci vollero ore per farle fuori tutte,
         e ve ne erano ancora molte altre

clinging to the redwoods. I want to tell Dima
        fashion is like that—beautiful
yet relentless—but she is so prosperous
        winging through her magazine. Perhaps
someday I'll tell her what I've written.
        She stops abruptly and smiles,
"In Russia we have little time to read."

aggrappate alle sequoie. Voglio raccontare a Dima
     di quella moda, bella ma anche
inesorabile—ma lei è così felicemente
     occupata a svolazzare fra le pagine della rivista. Forse
un giorno le dirò quello che ho scritto.
     Inaspettatamente si ferma e sorride,
"In Russia abbiamo così poco tempo per leggere."

Passing a Shack, Dnepropetrovsk

Three hours and four meadows ago the ends of rubber
        rattled on gravel,
and we found ourselves walking this hinterland
        of hinged flowers.
If this were anywhere familiar, I'd expect to see a billboard
        plunked on the horizon:
AMERICA BEGINS WHERE THE SIDEWALK ENDS,
        but in Russia
there are so many beginnings. I speculate again
        on the rectangle
that seems to travel with us far to the left.
        Nothing in the daylight
delights the eye more than clues—
        which is okay—
because in the absence of shade I call so many things
        into shadow.
"That," I say, "might be where the eternal guest lives,
        the one for whom
we smooth every bed."

"You don't know what you're saying,"
        you reply,
"there are no empty beds in Russia."

"Then that," I say, "could be where every surplus

PASSANDO DAVANTI A UNA BARACCA A DNEPROPETROVSK

Tre ore e quattro prati fa le estremità della gomma
          risuonarono sulla ghiaia,
e noi ci ritrovammo a camminare nell'entroterra
          di fiori pensili.
Se tutto ciò mi fosse da qualche parte familiare, io mi aspetterei di vedere
          un tabellone all'orizzonte:
L'AMERICA FINISCE DOVE I MARCIAPIEDI FINISCONO,
          ma in Russia
ci sono talmente tanti inizi. Rimugino nuovamente
          su quel cartellone
che sembra viaggiare da lontano con noi alla nostra sinistra.
          Niente nella luce del giorno
delizia lo sguardo più che qualche traccia —
          il che mi sta bene —
perché in mancanza d'ombra io richiamo tali e tante cose
          nell'ombra.
"Questo," dico, " potrebbe esser il posto in cui vive l'ospite eterno,
          quello per il quale
noi spianiamo ogni letto."

Rispondi
          "Non sai quello che stai dicendo,
In Russia non ci sono letti vuoti."

"Questo allora," dico io, "potrebbe essere il luogo dove passa

person passes,
a house of never-ending doors." Grouse rise
            from the trees
and your eyes go skyward. Are you trying to comprehend
            the distance?
"Nasrudin," and I quote, "said, 'The answer to a question
            is as useful
as a broken sword on a battlefield.'"
            I also want to tell you
I have named the flowers of these fields
            "tongues of gold"
and "eyes inside" — because of the way they blink their mouths
            in the wind —
but I don't. Amidst all these blooming clasps, the mind
            searches itself
in long pauses. "Look, my grandfather once told me,
            'If you make your bed
you must sleep in it,' and your grandfather
            banked potatoes
against the cold. Neither one was completely right,
            and I have no claim
on completeness either, so when memory opens
            its ineffable doors to us,
whose stories shall we live inside of,
            yours or mine?"

ogni persona eccedente,
una casa fatta di porte infinite." Galli cedrone
        spuntano dagli alberi
e i tuoi occhi s'alzano verso il cielo. Cerchi forse
        di comprendere la distanza?
Cito Nasrudin che un giorno disse "La risposta
        a una domanda è utile quanto
una spada rotta su un campo di battaglia."
        Voglio anche dirti
che ho dato un nome a questi fiori di campo
        "Lingue d'oro"
e "occhi di dentro" — per il fatto che ammiccano le loro labbra
        nel vento —
ma io non faccio come loro. In mezzo a tutti questi fiorenti strette
        la mente cerca se stessa
in lunghe pause. "Una volta mio nonno mi disse
        'Guarda che se tu fai il tuo letto
poi ci devi dormire,' tuo nonno, che
        investì sulle patate
per combattere il freddo. Nessuno dei due aveva del tutto ragione,
        né io posso pretendere di fornire
una risposta esauriente, così quando la memoria ci apre
        le sue ineffabili porte,
in quali storie ci identificheremo,
        la tua o la mia?"

The Colors, the Fragments, the Camels

I tell you about the lithograph
        on my apartment wall
back in the states: Paul Klee,
        "Two Dromedaries and a Donkey,"
or "Two Donkeys and a Dromedary."
        I don't remember which.
I do remember the colors, trianlges of green
        and orange, obtuse parallelograms
of brown. It reminded me of a blanket,
        the kind my mother made
from bits of old coats
        and pillowcases, in the times
before my family had money.
        We became W-T rich, I say
and you ask me what that means.
        It means my mother was poor,
white, and from the south. You're puzzled
        I know, because you move
the conversation back a step,
        the way I move my poems
when I don't want to dwell where they are:
        "I was in Afghanistan. I've actually
seen camels." Now we are going to talk
        of war, of the night the world exploded
in your hands. You hate speaking in wounds,
        but it seems we're already there.
"Camels I think are mad at God
        because he made them. They stink
with hate, inside and out. I saw one
        burst like a blood balloon

I COLORI, I FRAMMENTI, I CAMMELLI

Ti racconto di una litografia di Paul Klee
       appesa al muro del mio appartamento
americano. Si chiamava "Due dromedari
       e un asino," o forse
"Due asini e un dromedario."
       Adesso non ricordo. Ricordo però
i colori, triangoli di verde e arancione,
       e scuri e ottusi parallelogrammi.
Mi faceva venire in mente un tipo di coperta
       che mia madre ricavava da pezzi
di vecchi cappotti
       e fodere di cuscini, in tempi
prima che la mia famiglia avesse qualche soldo.
       Diventammo "White Trash Rich," dico,
e tu mi chiedi cosa significa.
       Significa che mia madre era povera,
bianca e del sud. Ne sei sconcertato,
       lo vedo, perché riporti
la conversazione un passo indietro,
       un po' come faccio io con la mia poesia
quando non voglio soffermarmici troppo:
       "Ero in Afghanistan. In effetti
ho visto dei cammelli." Adesso cominciano a parlare
       della guerra, della notte in cui il mondo esplose
nelle tue mani. Detesti riaprire queste vecchie ferite,
       ma mi pare che siamo già lì.
"Credo che i cammelli ce l'abbiano con Dio
       perché li ha creati. Sono pazzi d'odio
dentro e fuori. Ne vidi uno
       scoppiato come un pallone di sangue

when a mine went off inside it." Is that
          how it happened, how you lost
your fingers? I don't dare ask.
          I keep thinking of my lithograph,
of how I like my nature
          portioned into culture.
I keep thinking of the two ears
          joined beneath my pubic bone,
the red lobes ready to hear
          the small sounds of rain
you make inside me. Is this then
          the journey, the way we leave
our bodies to become boats
          rocking in steady seas? Across
seven oceans, I'm already standing
          at a window, remembering
the patchwork's rise and fall, as I watch
          a homunculus of clouds
knot the sky with storms. From this distance
          nothing seems real. No words
can hurt. Rain then,
          is a remedy for righting
the world's wrongs, water a way
          of jostling thoughts
into the small, palpable stories
          we keep beneath our covers.
I'll never look at that lithograph
          the same way,
the colors, the fragments, the camels.

quando una bomba vi scoppiò dal di dentro." È così
    che perdesti le tue dita?
Non oso chiedertelo. Continuo
    A pensare alla mia litografia
a come mi piace la natura
    ripartita all'interno di una cultura.
Continuo a pensare alle due orecchie
    unite tra di loro sotto il mio osso pubico,
i lobi rossi pronti ad ascoltare
    i piccoli suoni di pioggia
che tu provochi dentro di me. È questo, dunque,
    il viaggio, il modo in cui lasciamo
i nostri corpi, per diventare come barche
    dondolanti su mari calmi? Attraverso
sette oceani io sto già davanti
    a una finestra, ricordando
il crescere e decrescere del patchwork mentre osservo
    un nanerottolo fatto di nuvole
annodare il cielo di tempeste. Da questa distanza
    nulla sembra reale. Nessuna parola
può far male. Dunque la pioggia
    è un rimedio per riaggiustare
i mali del mondo, l'acqua
    un modo per sprigionare i pensieri
in piccole, palpabili storie
    che teniamo sotto le nostre coperte.
Non guarderò più quella litografia
    nello stesso modo,
i colori, i frammenti, i cammelli.

By the River

It's not the absolution of sex I desire,
            hands grasping my knees
and rowing me with a boatman's steady stroke
            toward ripples of forgetfulness. No.
I have other plans. If my salvation comes
            it will not be come,
or it will. I have an ear for irony
            and this I impose upon meaning,
meaning that on this autumn day,
            in this small corner of the universe
trimmed by wildflowers,
            I am alone on a bench.
A man and a woman pass by, the strides
            of their shoes scuttling the leaves.
All the sounds of the immediate world
            titillate the closed eye. A monkey
grunts from a cage. It must have been yesterday
            I read the circus was coming
to Dnepropetrovsk. Lhaysek left the newspapers

Presso il fiume

Non è che desideri l'assoluzione sessuale,
        mani che stringano le mie ginocchia
vogandomi con colpi fermi da barcaiolo
        verso le increspature dell'oblio. No.
Ho altri progetti. Se la mia salvezza c'è
        o viene o non viene.
Sono in sintonia con l'ironia
        che mi piace imporre sopra il significato,
significato che in questo giorno autunnale,
        in questo minuscolo angolo dell'universo,
guarnito di fiori selvatici, oggi si condensa
        nel fatto che sono qui sola su una panchina.
Mi passano accanto un uomo e una donna, sento
        lo scricchiolio delle loro scarpe che affondano nelle foglie.
Tutti i rumori del mondo più immediatamente vicino
        solleticano i miei occhi socchiusi. Una scimmia
grugnisce da una gabbia. Deve essere stato ieri
        che ho letto dell'arrivo del circo
a Dnepropetrovsk. Lhaysek ha lasciato i giornali

curled up by the kindling
and I struggled to unknot the Cyrillic print.
        The Russian word for circus
looks like a high-wire act in ink.
        If only all Russian words
could be so clear, and all
        Russians. Lhaysek
placed a daisy
        next to my tea cup,
his movements seeming so gentle
        because of his two missing fingers
and because of the way he pressed the furry stem
        between his thumb and bare ring finger,
pinkie extended...   Exact.
        More exact than an American
who can sit all afternoon in a park
        making many attempts to leave
what she thinks she doesn't want.

avvolti come sterpi per il fuoco
e io ho cercato inutilmente di decifrare un po' di cirillico.
        La parola russa per circo
sembra un'acrobazia d'inchiostro.
        Se soltanto tutte le parole russe
potessero essere così accessibili, e così
        tutti i Russi. Lhaysek
ha messo una margherita
        vicino alla mia tazza di tè,
i suoi movimenti paiono così gentili
        a causa delle due dita mancanti
e anche per come premeva il gambo impellicciato
        fra il suo pollice e l'anulare nudo,
il mignolo protratto...   Esatto.
        Più esatto di un americana
che può starsene seduta l'intero pomeriggio in un parco
        tentando più volte di lasciare
ciò che pensa di non volere.

When the Lines are Drawn Deeper than Skin

You would think they couldn't tell,
        that the white hands upon white hands
around the neck of the bottle that passed around
        the circle, were all the same
white hands, but no. They know.
        "Uri is not from around here,"
Lhaysek whispers in my ear.
        From the corner of the room, I don't care.
They're all Russian to me,
        all bred of the same tough crust,
the same alabaster insides. Within
        an evening though,
two men will open their coats,
        peeling back their wrappers
like leaves of purple cabbage,
        and a glint of silver
will test the otherness of flesh.
        I wasn't there to see it.
The newspapers won't report it.
        The next day, Lhaysek scored
the story for me, as he loaded
        my one bag into the taxi.
"They found Uri in the park.
        'Go home' across his chest."

Quando i versi sono tirati più profondamente della pelle

Penseresti che non potrebbero dirtelo,
        che bianche mani su bianche mani
attorno al collo della bottiglia che girava
        nel circolo, erano tutte le stesse
bianche mani. No. Lo sanno.
        "Uri non è di queste parti,"
mi sussurra Lhaysek all'orecchio.
        Dall'angolo della stanza, non m'importa.
Per me sono tutti Russi,
        fatti tutti della stessa scorza dura,
e dentro lo stesso alabastro. Tutto
        dentro una serata, però
due uomini apriranno i loro cappotti
        strappandosi di dosso i loro indumenti
come foglie di cavolo rosso,
        e un bagliore d'argento
saggerà la diversità della carne.
        Non ero lì per vederlo.
I giornali certo non lo riporteranno.
        Il giorno dopo Lhaysek mi ripassò
la notizia, mentre caricava
        il mio unico bagaglio nel taxi.
"Hanno trovato Uri nel parco.
        'Vattene a casa,' scritto lungo il suo petto."

RUNNING AWAY FROM RUSSIA

Something terribly tenuous in the universe
        makes me stop singing, *the cow,*
the cow, the cow knows
        where the green grass grows,
and slide off to the left.
        Why a bar?
Why customers crowded over ale
        and steam rising from overcoats?
This must be that gray night in Moscow,
        the time I really had to decide.
Men, with their ears frosted pink,
        blue veins under their eyes.
Diplomats. A veteran's gathering
        and somewhere amongst the white cuffs
a man whose hands know the soft skin
        of my biceps. I've lost my resolve
in this country, lived for too long
        in that daydream: I had no other life.
Now, I have airline tickets —
        no really, I do — and I'm remembering
the way I came. Friday evening. Mars ascending
        and jellyfish under the bridge. We stood
on redwood slats, iced-teas sweating in our palms

Fuggendo via dalla Russia

Qualcosa di terribilmente sottile nell'universo
        mi fa smettere di cantare, *la vacca,*
la vacca, la vacca conosce
        il luogo dove l'erba verde cresce,
e scivola via alla mia sinistra.
        Perché un bar?
Perché i clienti s'ammassavano sulla birra
        e svaporavano sollevandosi dai loro cappotti?
Questa deve essere quella grigia notte a Mosca,
        quando dovevo prendere una decisione.
Uomini dalle orecchie rosa-gelate,
        e dalle venuzze blu sotto gli occhi.
Diplomatici. Una riunione di veterani
        e da qualche parte, fra i bianchi polsini,
un uomo, le cui mani conoscono la morbida pelle
        dei miei bicipiti. Non riesco a decidermi
in questo paese, troppo a lungo vissuto
        in un sogno a occhi aperti: non avevo altra vita.
Adesso ho i biglietti aerei—
        ce li ho davvero—e mi viene in mente
il modo in cui arrivai qui. Un venerdì sera. Marte ascendente
        e meduse sotto il ponte. Eravamo
sopra stecche di sequoia, tè freddi trasudanti nelle mani

as we took in the Seattle sky.
My sister, my secure other self. Of course
the answers were obvious,
so obvious they've been forgotten.
I likened the constellations
to a windshield smashed by a forehead.
You said my metaphors were depressing
and it's true, I had little music
left to give. On the Yugoslavian red-eye
I tried humming my national anthem
while the stewardess served a dessert
shaped like a baseball. Eventually,
the horizon slipped, and the sun
fanned over the Uralis. I slept easily
in the plane's belly, even dreamed
I was a knot in a fisherman's net.
When I floated to the Caspian's
lapis surface, every hemp square
rose with me....*Russia*
don't tell me you love me.
Russia, don't look at me that way.
Russia, I just wanted some freedom.
Russia, I'm running away.

mentre assorbivamo il cielo di Seattle.
Mia sorella, la mia fida alter-ego. Ovviamente
        ogni risposta era scontata,
così scontata che ce le siamo dimenticate.
        Io paragonavo le costellazioni
a un parabrezza fracassato da una testa.
        Mi dicesti che le mie metafore erano deprimenti
—verissimo, avevo poca musica
ancora da regalare. Nell'aereo notturno jugoslavo
provai a canticchiare a bocca chiusa il mio inno nazionale
        mentre le hostess servivano un dolcetto
a forma di palle di baseball. Infine,
        sgusciò l'orizzonte, e il sole
si spalancò sopra gli Urali. Mi assopii facilmente
        nel ventre dell'aereo, sognando perfino
di essere un nodo nella rete d'un pescatore.
        Quando poi galleggiai sulla superficie
lapislazzuli del Caspio, ogni quadrato di campo
        di canapa si levò con me....*Russia
non dirmi che mi ami.*
        Russia, non guardarmi così.
Russia, io cercavo soltanto un po' di libertà.
        Russia, io sto fuggendo via.

At the Marshy End of the Dnepr

There must be a lady—
          there always is—
a damsel in dire distress, or at least
          trussed in great desire.
There must also be a man
          quivering on the fringes,
like a river weed waving
          at the edge of a pond.
One moment he sees her
          sifting in shadows,
then her countenance
          is displaced. Where to go
with such loose ends?
          The narrative wants hands
parting reeds in long strokes,
          fingertips divining their way
through the marsh, looking here,
          looking there. Look down.
His face ripples above the reflection
          of his boots. There must have been
a lady. Where was she standing?

ALLA FOCE PALUDOSA DEL DNEPR

Ci dev'essere una dama —
       c'è sempre —
una damigella in terribile angoscia, o almeno
       posseduta da un gran desiderio.
Ci dev'essere anche un uomo
       fremente ai margini,
come l'alga di un fiume che fluttua
       al bordo di uno stagno.
Lui la vede un momento
       vagliandola fra le ombre,
poi la sua espressione
       si sposta. Dove approdare
con tali libere conclusioni?
       Il racconto esige mani
che sappiano dividere le canne in lunghi colpi,
       punte di dita che sappiano intuire la loro strada
attraverso la palude, gettando lo sguardo ora qui
       ora lì. Guarda in basso.
La sua faccia s'incresca sopra il riflesso
       dei suoi stivali. Ci dev'essere stata
una damigella. Dove stava?

Lhaysek's Last Letter

My love for you is like a snake
          circumnavigating my head.
How dare you open my heart
          as if it were any old door,
then leave it swinging, catching
          wind. I can't even look at
tree branches, because you told me
          they were arms. I can't even
look at my arms, my good, strong
          arms, because they weren't
good enough, or strong enough
          to hold you. I can't look at
the pink flesh of my left fist,
          where two fingers are missing,
the ones I lost in the war. The evening
          you said: "I'll eat your fingers,"
then: "They're inside me. Search
          with your good hand,"
the moon and I knew you as necromancer,
          phenomenologist, silvery she-wolf
with your tousled hair. Now I can't look
          at the half moon's gaping bite,
because you told me when you were small,
          you were afraid it would fall
from the sky and swallow you, and
          for the moon I am sorry,
because it rises every night
          with waxing and waning stories.

L'ultima lettera di Lhaysek

Il mio amore per te è come un serpente
      che gira attorno alla mia testa.
Ti sfido ad aprire il mio cuore,
      come fosse una qualsiasi porta vecchia,
per poi lasciarlo oscillare alle folate
      del vento. Non posso neppure guardare
i rami dell'albero, perché tu m'hai detto
      che essi erano braccia. E non posso nemmeno
guardare le mie braccia, le mie buone, forti
      braccia, perché esse non furono
abbastanza buone, o abbastanza forti
      per contenerti. Né posso guardare
alla rosea carne del mio pugno sinistro,
      privo di due dita,
quelli che persi nella guerra. Una sera
      mi dicesti: "Mangerò le tue dita";
e poi: "Esse sono dentro di me. Cercale
      con la tua mano buona";
la luna e io ti sapevamo negromante,
      fenomenologa, lupa argentea
con i capelli arruffati. Ora non posso
      guardare al morso della mezza luna,
perche mi dicesti che quand'eri piccola
      avevi paura che cadesse
dal cielo e ti inghiottisse, e questo
      mi dispiace per la luna
perché s'alza ogni notte
      con le sue storie
di crescita e di declino.

Taking the Pulse of the People

Have you ever considered
          the full-breasted wheat ignored you,
as it waited to be threshed?
          That the volcanic sparks inside factories
burst forth from torches, whether you helpd
          the workers or not? Who asked you to anyway?
Who said our culture moved like a horse
          through thick mud? A shudder runs
along your spine. Come back to my bed.
          I know you've watched me
at that window, and wondered what I see.
          I see nothing. I see the days dying,
one by one, and the nights forgiving
          everything. I see the entire world
in our sheets, eastern-block
          struggling western-block
for acceptance, while third-world cockroaches
          scurry beneath the sink. I hear you are
going to Mexico. Why do you think
          you can reach others,
when you can't even reach inside?
          That night we drew folded papers from a hat
and everyone left their coats on the bed —
          all those empty furs climbing — you had to quote
a Bible verse, or take a shot of vodka.
          "Comfort me with apples," you said,
"for I am sick of love." You frightened me
          with your words. Don't you remember
my hand on your wrist, as I told you
          to take another chance?

Sondando l'umore del popolo

Hai mai considerato il fatto che
  il grano ben maturo ti ignorava
mentre aspettava di essere trebbiato?
  O il fatto che le faville scintillanti nelle fabbriche
prorompono dalle torce, che tu aiutassi
  o meno i gli operai? Chi te lo ha chiesto in ogni caso?
Chi ha detto che la nostra cultura si è mossa
  come un cavallo attraverso un fango denso?
Un brivido corre lungo la tua schiena. Torna al mio letto.
  So che mi hai osservato
da quella finestra, e ti sei chiesto cosa vedo.
  Io non vedo niente. Vedo i giorni morire,
uno dopo l'altro, e le notti che perdonano
  tutto. Vedo il mondo intero
nelle nostre lenzuola, il mondo orientale
  in lotta con il mondo occidentale per avere
un proprio consenso, mentre scarafaggi del terzo mondo
  scorrazzano veloci sotto il lavandino.
Sono venuta a sapere che stai per partire per il Messico.
  Perché pensi che puoi raggiungere altri
quando non riesci neppure a raggiungerti dentro?
  Quella notte estraemmo fogli di carta piegati
da un cappello, e ognuno lasciò il proprio cappotto sul letto,
  tutti quei pellicciotti vuoti uno sopra l'altro — dovesti
citare un verso della Bibbia, o prendere un sorso di vodka.
  "Consolami con delle mele," dicesti,
"perche sono sazio d'amore." Mi spaventasti
  con le tue parole. Non ricordi
la mia mano sul tuo polso, mentre ti dicevo
  di rischiare nuovamente?

Any Place, Any Time

Click your ruby heels thrice.
Watch for falling stars.
Candles thread the air with smoke
all in one breath, and the whole assemblage waits,
as your eyelashes close in thought.
You've got the big end of the bone,
the bare stem of the dandelion.
The daisy's been plucked down to its last,
and a white horse taps the ground
at the forest's edge. The rainbow
ends here, the sky cleft by its ribbons.
Forever After unfurls on the flags
rippling above the parapets. Even
in the cold season, the hearth flames
in the great hall. Diamonds spark the snow. Here,
Lara never leaves Zhivago.
The packed sleigh of the future with space
for only one, never furrows the hillsides,
and they spend their days exploring
the pastel carousel of rooms. Their nights
they spend wrapped tight as cabbage leaves
around the heat between them. Clouds accumulate
from their breathing, making a shadowy soil
fertile enough for magic beans. Their dreams
sprout to towers, to kingdoms higher still.

Qualsiasi luogo, qualsiasi tempo

Batti i tacchi rosso rubino tre volte.
Non lasciarti sfuggire le stelle cadenti.
Le candele striano l'aria del loro fumo
tutto in un fiato, e tutto l'insieme aspetta
mentre le tue ciglia si chiudono in riflessione.
A te fortunato è toccato il lato più lungo dell'osso,
il gambo spoglio del tarassaco.
La margherita è stata spennata fino all'ultimo,
e un cavallo bianco scalpita
al limitare della foresta. L'arcobaleno
finisce qui, il cielo spaccato dai suoi fasci colorati.
Forever After si dispiega dalle bandiere
ondulanti sopra i parapetti. Persino
nella stagione fredda il focolare divampa
nel grande salone. Diamanti sfavillano nella neve. Qui
Lara non lascerà Zhivago.
La slitta monoposto del futuro
non solca mai i pendii,
e loro passano le giornate
esplorando il carosello color pastello delle camere. Le loro notti
le passano avvolti come foglie di cavolo
intorno al calore che li circonda. Le nuvole
si accumulano dal loro respiro, formando
un terreno ombroso abbastanza fertile per magici fagioli.
I loro sogni germogliano a torri, e regni più alti ancora.

They climb, agile as sprites, with hands
that never falter, with life lines
long as chopsticks. If they do fall,
they fall for fun, and a magic carpet
catches them. They spill giggles
over thatched roofs, over every
horse-shoed door. They teach the elves
to make shoes. They arrange tea leaves
into smiles, send jokes via Ouija. Every table
in the kingdom is round, every kitchen
blessed with good Feng Shui, a chicken
in every pot, a genie in every lamp.
All the caves are carpeted with treasure,
all the clovers, four-leafed,
all the leprechauns, philanthropic.
No snakes slither through the gardens.
There are no umbrellas opened indoors, because
in never rains, no broken mirrors,
no ladders to walk under,
because everyone has wings.
Believe, if you can.
Rub the Buddha's belly.
Toss a coin over the fountain's stone lip.
Kiss every crooning frog.

Si arrampicano, agili come spiriti, con mani
mai esitanti, con linee della vita
lunghe come bastoncini. Se cadono davvero,
cadono per divertimento, e un tappeto magico
li afferra. Espandono risatine soffocate
sopra tetti coperti di paglia, sopra ogni porta
su cui è appeso un ferro di cavallo. Insegnano agli elfi
come fare le scarpe. Predispongono le foglie di tè
a forma di sorrisi, mandano facezie via *Ouija*. Ogni tavola
del regname è tonda, ogni cucina
è benedetta con del buon *Feng Shui,* c'è un pollo
in ogni pentola, un genio in ogni lampada.
Tutte le caverne sono tappezzate di tesori,
tutti i trifogli sono quadrifogli,
tutti gli gnomi sono filantropi.
Non ci sono serpenti che strisciano nei giardini.
Non ci sono ombrelli aperti in casa, perché
lì non piove mai, nessuno specchio è rotto,
nessuna scala a pioli da camminarci sotto,
perché tutti hanno le ali.
Credici, se puoi.
Dai, strofina il pancione del Budda.
Getta un moneta oltre il bordo di pietra della fontana.
E bacia ogni cantilenante ranocchio.

About the Author

LUISA ROSSINA VILLANI was born on a vineyard in Tujunga, CA. She holds degrees in English from California State University Northridge, a Master's in Fine Art in Poetry and a Master's in Women's Studies from the University of Pittsburgh. She has taught English in Russia and the Ukraine, and in 1997 was the coordinator for Project Chiapas, a nonprofit organization that conducted a field study of indigenous politics at the Na-Bolom Cultural Museum in San Cristobal, Mexico. Her short stories have appeared in *The Literary Review, The Lullwater Review,* and her novel, *The Battle for the Red June,* was semifinalist for the James Fellowship for the Novel-In-Progress from the Heekin Group Foundation in 1999. Her poetry chapbook, *On the Eve of Everything,* was published by WECS Press in 1998 as winner of their annual competition. Her poems have appeared in *The New England Review, Hayden's Ferry Review, The Hiram Poetry Review,* and other journals, and she has been a finalist for the Pablo Neruda Prize. Among her other awards are included the Suzanne Brabant Memorial Award, an Academy of American Poets Prize, and Associated Writing Programs Intro Journals Award, and a Master's Poetry Series Award. A former Bucknell Fellow, she currently teaches at Indiana University of Pennsylvania.

About the Translator

LUIGI FONTANELLA (PhD, Harvard) is currently professor of Italian at the State University of New York, Stony Brook. Founder and President of the Italian Poetry Society of America, he is the editor of *Gradiva,* an international journal of Italian poetry. Fontanella has published ten books of poetry, two books of fiction, six books of criticism, and several translations from French and English into Italian, and from Italian into French and English.

*This book was set
in QuarkXpress for Bordighera
Press by Deborah Starewich of Lafayette IN.
It was printed by Printing Services of
Purdue University, West Lafayette
IN, U.S.A.*